철학하는 어린이

# 함께 사는 게 뭐예요?

이 책은 프랑스 낭테르 시 어린이들과 오스카 브르니피에 선생님의
철학적 대화를 담은 책입니다.

**VIVRE ENSEMBLE, C'EST QUOI?**

Written by Oscar Brenifier
Illustrated by Frédéric Bénaglia

Copyright 2007 by Éditions NATHAN-Paris, France
Éditions-originale : VIVRE ENSEMBLE, C'EST QUOI?
www.brenifier.com

Korean Translation Copyright 2007 by Maks Publishing Co.,Ltd.(Sangsurinamu)
Korean Edition is published by arrangement with Éditions NATHAN
through PK Agency, Korea.

본 저작물의 한국어 관권은 PK Agency를 통해 Éditions NATHAN과의 독점 계약으로
도서출판 (주)맥스교육(상수리)에 있습니다. 한국 내에서 저작권법에 따라 보호를 받는 책이므로
무단 전재와 무단 복제를 금합니다.

### 상수리 출판사 상수리

상수리나무는 가뭄이 들수록 더 깊게 뿌리를 내리고
당당하게 서서 더 많은 열매를 맺습니다.
숲의 지배자인 상수리나무는 참나무과에 속하고, 꿀밤나무라 불리기도 합니다.
성경에 아브라함이 세 명의 천사를 만나는 곳도 상수리나무 앞이지요.
이런 상수리나무의 강인한 생명력과 특별한 능력을 귀히 여겨
출판사 이름을 '상수리'라고 했습니다.
우리 어린이들에게 상수리나무의 기상과 생명력을 키우는
좋은 책을 계속 만들어 가겠습니다.

철학하는 어린이
**함께** 사는 게 뭐예요?

글 | 오스카 브르니피에
그림 | 프레데릭 베나글리아
옮김 | 이효숙

상수리

# 우리는 왜 질문을 할까요?

어린이들은 부모에게 혹은 선생님에게 온갖 종류의 질문을 하지요.
질문 중에는 어린이들이 아주 궁금해하는 질문들도 많답니다.
어린이들이 질문을 하면 어떻게 해야 할까요?
부모나 선생님은 어린이들의 질문에 반드시 대답을 해 주어야만 할까요?
그런데 왜 부모나 선생님이 대답을 해야 하지요?
어린이들이 대답을 하면 어떨까요?

이 책에서 부모나 선생님의 대답을 제외시키려는 건 아니에요.
왜냐하면 부모나 선생님의 대답은 어린이 스스로 생각할 수 있도록
도와주니까요. 그렇지만 어린이 스스로 질문에 대해서 생각하고 판단하면서
자립심을 키워서 책임감을 가질 수 있도록 깊이 생각하는 연습을 하는 것도
바람직하겠죠?

〈철학하는 어린이〉 시리즈에서는
각각의 다양한 질문에 대해서 여러 가지 대답을 해 주고 있습니다.
명확해 보이는 대답도 있고, 애매하거나 놀라운 대답도 있고,
고개를 갸우뚱하게 만드는 대답도 있지요.
이런 대답들은 또 다른 질문을 하게 만든답니다. 왜냐하면 생각이란
끝을 알 수 없이 꼬리에 꼬리를 물고 일어나기 때문이죠.

이렇게 해서 하게 되는 마지막 질문들은 어쩌면 대답할 수 없을지도 몰라요.
하지만 차라리 그게 더 나을 수도 있지요. 반드시 대답할 필요는 없습니다.
어떤 질문들은 단지 그 질문이 어떤 의미와 가치를 갖고 있기 때문에
그 자체만으로 좋을 수도 있답니다.

오스카 브르니피에

추천의 글

## 마음의 중심을 키워 주는
## 보물 같은 어린이 철학 책

우리는 의외로 우리 자신을 과소평가합니다. 생각해 보면 한 인간을
만들기 위해서 우주는 헤아릴 수 없이 긴 억겁의 시간을 기다렸고
지구는 45억 년을 돌았습니다. 한 존재가 태어나기까지의 과정을 추적한다면
누구나 분명히 고백할 수 있습니다. '나'는 이 땅에 온 별이라고.
그런데 그 별이 빛을 잃고 돌이 되는 건 바로 '나' 때문입니다.
사회심리학자이면서 철학자인 에리히 프롬이 그랬습니다. "인간을 낙원에서
추방할 수 있는 자는 오로지 인간뿐"이라고. 우리는 너무 쉽게 우리 자신을
깎아내려서 스스로를 낙원에서 추방한 것이지요. 지금 가난하다고, 당장 일자리가
불안하다고, 더 이상 젊지 않다고, 학벌이 별로라고, 스스로 콤플렉스를 만들면서
45억 년 세월이, 억겁의 세월이 우리를 낳은 까닭을 잊고 살아왔습니다.
〈철학하는 어린이〉 시리즈는 우리가 만든 콤플렉스 때문에 우리가
놓친 삶의 가치를 다시 생각할 수 있도록 해 줍니다. 진짜 아름다움은
어떤 건지, 행복은 어디에 있는지, 우리는 왜 자유를 추구하는지,
함께 존재한다는 것의 의미는 무엇인지, '생각'하게 만듭니다. 생각이란 걸 해
보면 우리 마음속에 얼마만한 보화가 있는지 스스로 놀라게 됩니다.
처음에는 이 책을 별 생각 없이 펼쳤습니다. 그러다 놀랐습니다. '아니, 프랑스
어린이들은 어렸을 적부터 이렇게 스스로 생각하는 훈련을 받나!' 싶어서
말입니다. 어렸을 때부터 이렇게 성찰의 논리를 배워 익힌다면 살면서 무슨 일이
생겨도 '세상을 탓하지 않고 마음의 중심을 키워갈 수 있겠구나!' 싶었습니다.
〈철학하는 어린이〉 시리즈는 내 마음의 보물 창고를 향해 첫발을 내딛게 하는
책입니다. 이 책을 통해서 생각의 춤을 추게 되면 스스로 또 다른 방식의 춤을
추는 법도 익히리라 믿습니다.

수원대학교 철학과 교수 이 주 향

## 차 례

1　외로움　혼자 살고 싶나요? … 8

2　존중　언제나 사람들을 존중해야 하나요? … 24

3　동의　다른 사람의 의견에 언제나 동의해야 하나요? … 38

4　평등　우리 모두는 평등할까요? … 52

5　일　우리는 모두 일을 해야만 하나요? … 68

6　권한　함께 살기 위해서는 규칙이 필요할까요? … 82

나도!  나도!  나도!

외로움

**혼자** 살고 싶나요?

나는 혼자 살기 싫은데….
왜냐하면 혼자 살면 너무 심심할 테니까.

나는 혼자 살고 싶어, 그런데….

친구들은 나보다 덜 심심할까요?

혼자 살면 때로는 싫증이 나지 않을까요?

혼자서 생각에 잠길 때가 많나요?

혼자 살기 싫어!
혼자 살면 내가 살고 있다는 것을 아무도 모를 테니까.
그리고 슬퍼질 수도 있으니까.

혼자 살고 싶어.

우리의 행복은 다른
사람들에게 달려 있는 걸까요?

때로는 친구들이 나를
모른 척했으면 좋겠어!

유명한 사람들은 그렇지 않은
사람들보다 더 행복할까요?

때때로 혼자 살고 싶은 때도 있어요.
왜냐하면 친구들이 내가 하고 싶은 것들을
못하게 막을 때도 있으니까요.

외로움 혼자 살고 싶나요?

응, 그런데….

때때로 우리는 하고 싶은 것을
참으면서 살지 않나요?

원하는 것을 할 수 있도록 다른
사람들이 우리를 도울 수도 있잖아요?

우리가 원하는 것을 다른 사람들이
더 잘 알 수도 있지 않을까요?

# 파격 세일

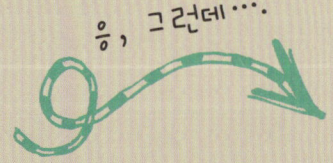

다른 사람도 너를
선택한 걸까요?

나는 혼자 살고 싶지 않아요.
그런데 자주 보고 싶은 사람들은 내가 선택하고 싶어요.

가족이 너를 선택한 걸까요?

누구를 선택하기 전에 사람들을
자주 만나면 안 되는 걸까요?

인간들은 함께 살도록 만들어졌기 때문에
혼자 살고 싶지 않아요.

사람들은 정말로 이유가 있어서
태어난 걸까요?

우리들이 태어나도록 한 것은 신일까요?
자연일까요? 아니면 운명일까요?

사람들은 누구나 자신이 하고
싶은 것을 결정하면서 살 수 있는 걸까요?

뭔가를 하기 위해서는
다른 사람들이 필요하기 때문에
혼자 살고 싶지 않아요.

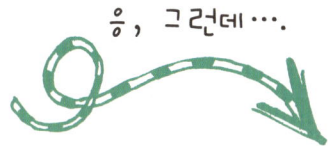

응, 그런데….

누군가를 그저 있는 그대로
존중할 수는 없나요?

우리는 다른 사람들에게
유익한 존재일까요?

다른 사람들과 함께 사는 것은
오로지 필요에 의해서만일까요?

혼자 살면서
만족할 수 있을까요?

## 생각정리하기

때때로 다른 사람이나 친구들이 귀찮게 하기도 하겠죠?
그래서 함께 살 사람들을 스스로 선택하고 싶을 때도 있겠지요.
로빈슨 크루소처럼 섬에서 혼자 조용히 사는 꿈을 꾸기도 합니다.
그러면 자유롭게 마음대로 행동할 수 있을 거라는 생각이 들겠지요.
그렇지만 다른 사람들도 우리들이 살아가는 데 도움을 줄 수 있답니다.
다른 사람들의 사랑과 시선이 우리가 살고 있다는 것을 증명해 주고,
내 가치도 살려 주니까요. 두려움 없이 그리고 심심해하지 않으면서
혼자 살 수 있다면, 다른 사람들과도 아주 잘 지낼 수 있답니다.
가족이나 친구 들과 함께 나누는 삶이 재미있지 않을까요?

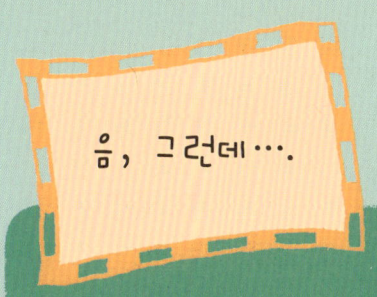

음, 그런데….

알고 지냅시다.

자신이 누구인지 알기 위해서 혼자
생각하는 법을 배우는 것이랍니다.

어른들은 우리가 살아갈 수 있도록 돕고,
우리도 어른들이 살아갈 수 있도록 서로 돕는답니다.

우리들이 다른 사람과 더불어
살아도 자유롭게 지낼 수 있지요.

다른 사람들과 서로
관계를 맺으면서 이해하면서
살아야 합니다.

| 존중 |

# 언제나 사람들을 존중해야 하나요?

우리는 우리를 존중해 주는 사람들만 존중하게 됩니다.

응, 그런데….

자, 어떻게 할 거야?
나는 기다려 볼 테야.

친구들도 네가 존중해 주기를 기다렸다가 그 다음에야 너를 존중해 준다면 어떤 생각이 들까요?

존중에 대해서 우리 모두는
같은 생각일까요?

남들이 우리를 존중하는지에
따라서 남들을 존중한다면, 그게 무슨
가치가 있을까요?

나는 도둑이나 범죄자 들은 존중하지 않습니다.

우리가 존중하지 말아야 할 사람들이 있는 걸까요?

우리는 어떤 기준으로 존중해야 할지를 결정하는 걸까요?

친구가 나쁜 행동을 하면 우리는 친구를 무조건 존중하지 말아야 할까요?

어떤 사람의 행동은 존중하지 않으면서, 그 사람을 존중할 수 있나요?

**우리는** 모든 사람들을 사랑할 수 없는 것처럼
모든 이들을 존중할 수도 없습니다.

좋아하는 사람들만
존중해야 하나요?

존중하는 사람들을 좋아하지
않을 수도 있나요?

우리는 좋아하는 사람들을 때때로
존중하지 않을 수도 있나요?

존중 언제나 사람들을 존중해야 하나요?

사람들을 존중하지 않으면
나를 예의 바르지 못하다고 생각하기 때문에
사람들을 존중해야 하지요.

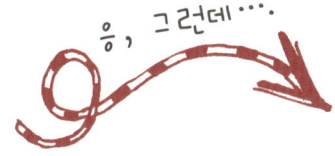

예절은 거짓말의 한 모습일까요?

누군가에게 예의 바르게 말하면서 실제로는 그 사람을 존중하지 않을 수도 있는 걸까요?

예의를 갖추지 않아도 되는 이유들이 있을 수 있나요?

우리는 다른 사람들이 자신을 어떻게 생각하는지에 대해서 늘 걱정해야 하는 걸까요?

다른 친구들에게 모든 것을 다
허용해야 하나요?

자기가 존중하는 사람들에게
진심으로 생각하는 것을
말하면 안 되는 걸까요?

우리 모두는 원하는 대로 살고
원하는 대로 행동할 권리가 있답니다.

친구들을 존중하는 것은 친구들이
발전하기를 바라는 마음이 있기 때문이겠죠?

개인의 자유가 모든 사람들의
안락함보다 더 중요한 걸까요?

## 생각정리하기

**엄마, 아빠는 내가 사람들을 존중하기를 바랍니다**

하지만 그렇게 할 수가 없답니다! 내가 좋아하는 사람들이나 나를 좋아하는 사람들만 존중할 가치가 있다고 생각하니까요.

범죄자나 도둑 들은 그럴 자격이 없어 보이지요.

하지만 그 사람들도 사람인데, 정말 존중할 필요가 없는 걸까요?

그리고 이웃을 어떤 방식으로 존중해야 하는 걸까요?

왜냐하면 존중에 대한 생각이 사람마다 다르기 때문입니다.

어떤 사람들에게는 존중한다는 게 모든 것을 허용하는 것처럼 여겨지고 있답니다.

또 어떤 사람들은 존중과 예의를 혼동하고 있어요.

다른 사람들에게 상처를 줄 수 있는 욕설이나 점잖지 못한 말들은 하지 않는 게 좋습니다. 존중은 어쩌면 자신에게 정해 놓은 어떤 선 같은 것인지도 몰라요. 그런데 다른 사람들과 함께 살려면 그런 선이 필요하답니다.

> 이런 의문을
> 갖는 것은
> 그러니까….

친구나 다른 사람들이 우리를 인정해 주기를 바라는 것처럼 우리도 다른 사람들의 가치를 인정해 주어야 하기 때문입니다.

다른 사람들에 대해 우리가 한 말들과 행동들이 어디까지 어떤 영향을 미치는지를 이해하기 위해서랍니다.

> 동의

# 다른 사람의 의견에 언제나 동의해야 하나요?

우리가 옳거나 상대방이 틀렸을 때는
동의하지 않아도 됩니다.

우리들은 각자 다르게 생각하고 있으면서
둘 다 옳다고 생각할 수도 있나요?

다른 친구들을 이해하려고 애쓰지 말아야 하는 걸까요?

**만약 우리 생각이 모두 똑같다면, 세상은 발전할 수 없기 때문에 다른 사람의 의견에 언제나 동의하지 않아도 됩니다.**

세상을 바꿀 필요가 있는 걸까요?

한 사람이 다른 모든 사람들의 의견에 반대하면서 세상을 바꿀 권리가 있는 걸까요?

단 한 사람이 세상을 바꿀 수 있는 걸까요?

동의 다른 사람의 의견에 언제나 동의해야 하나요?

우리는 서로 너무 다르기 때문에 다른
사람의 의견에 언제나 동의할 수는 없습니다.

우리가 모두 화합하기 위해서 서로
비슷해지려고 애써야 하는 걸까요?

비슷한 사람들은 늘 서로
의견이 같은가요?

우리는 공통점이
전혀 없는 걸까요?

친구들과 다투는 것은 쓸데없는 짓이니까 될 수 있으면 의견이 같으면 좋겠지요.

다툼은 언제나 쓸데없는 짓일까요?

우리는 서로 다투지 않으면서
의견이 서로 다를 수도 있나요?

자신의 생각을 주장하지 않으면서도
자신의 색깔을 낼 수 있나요?

친구들과의 갈등을 피하기 위해서
해야 할 말을 참아야만 하나요?

의견이 똑같을 필요는 없습니다.
왜냐하면 우리는 각자의 의견을 가질 권리가 있기 때문입니다.

응, 그런데….

너희 나라로 돌아가. 너는 지금 너희 나라에 있는 게 아니잖아!

과연 인종차별주의자가 될 권리가 있는 걸까요?

내가 옳아! 더 이상 말할 필요 없어!

친구들의 의견보다 더 좋은 의견들이 있는 걸까요?

전적으로 너와 똑같은 생각이야.

우리 의견은 다른 친구들의 의견에 영향을 받지 않는 걸까요?

## 생각정리하기

### 다른 사람의 의견에 언제나 동의해야 하나요?

친구들은 우리와 다르기 때문에 의견이 늘 같을 수는 없지요. 우리는 친구들이 틀렸다고 생각할 때도 있지요. 친구들이 우리처럼 생각해야 한다고 여길지도 모르지요. 그런 경우에 다툼이 도사리고 있답니다. 오로지 자신만 옳다고 주장하기 위해서 생기는 다툼이라면 그것은 터무니없고 우스꽝스럽기까지 한 일이랍니다. 하지만 우리가 세상을 발전시킬 정의나 진실에 대한 생각들을 지켜야 할 때는 큰 소리를 냄으로써 우리 생각이 옳다는 것을 증명해야 할 필요가 있답니다.
그런데 혼자서 세상을 변화시킬 수 있는 걸까요? 때로는 바로 우리 자신을 바꾸어야 할 때도 있어요! 친구들의 얘기를 잘 들어줄 줄 알면서 자신의 의견도 이야기해야 친구나 사회와도 잘 어울리며 더불어 살 수 있답니다.

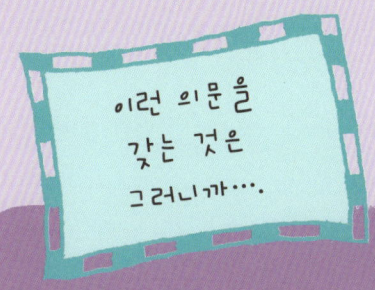
이런 의문을
갖는 것은
그러니까….

친구와 다른 의견을 갖는 것에 대해서 좋게
생각하고, 두려워하지 말아야 합니다.
왜냐하면 서로 다른 생각들은 생각의 폭을
넓혀 주기 때문이지요.

우리들은 늘 사물의 아주
작은 부분만 본다는 것을
깨달아야 하기 때문입니다.

생각이 다르다고 말하기 전에 다른
사람들의 생각을 이해하는 것도
중요하기 때문이랍니다.

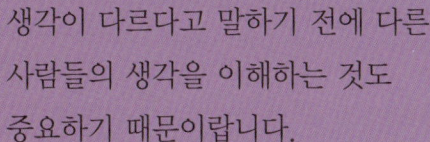

| 평등 |

## 우리 모두는 **평등**할까요?

사람들은 모두 평등하답니다.

응, 그런데‥‥

사람 같지 않는 사람들도 있을까요?

우리는 사람으로 태어나는 걸까요? 아니면 크면서 사람이 되는 법을 배우는 걸까요?

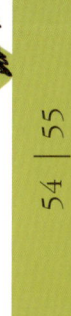

평등 우리 모두는 평등할까요?

남아메리카에서 살고 있는
인디언은 뉴욕에서 살고 있는
사업가와 차별 대우를 받나요?

어린이는 어른과 같은
대접을 받을 수 있나요?

우리 모두는 평등한 것은 아니랍니다.
왜냐하면 세상에는 부자들도 있고
가난한 사람들도 있으니까요.

부자들이 가난한 사람들에게
자기 것을 나눠 줘야만 하나요?

부자가 되고 싶지 않은 사람도 있나요?

우리 모두 한꺼번에 부자가 될 수는 없나요?

더 똑똑한 사람들도 있는 것을 보면
모두 평등한 것 같지는 않아요.

우리들은 똑똑함을
태어날 때 한꺼번에 받은 걸까요?

모든 사람들이 똑같은 방식으로
똑똑한 걸까요?

똑똑한 사람들은 언제나
다른 사람들을 지배해야 하나요?

다른 사람들이 우리를 대신해서
똑똑할 수는 없는 걸까요?

어떤 사람들은 다른 사람들보다 운이 더 좋습니다.

우리는 행운을 우리 스스로 키울 수 있는 걸까요?
아니면, 노력과 상관없이 그저 받는 걸까요?

운이 있으면서도
불행해질 수 있는 걸까요?

'다른 사람들은 운이 좋아.'라고 말한다면
그것은 질투 때문일 수도 있을까요?

성공한다는 것은 운일까요?
아니면 노력이나 재능 때문일까요?

만약 우리가 서로 돕고 가진 것을 함께 나눈다면,
우리 모두는 동등해질 수 있답니다.

우리는 모든 것을 다 나눌 수 있는 걸까요?

케이크를 혼자 다 먹는 게 좋을까요?
아니면 다른 친구들과 나눠 먹는 게 좋을까요?

누군가에게 아무것도 내주지 않으면서
과연 그를 도울 수 있을까요?

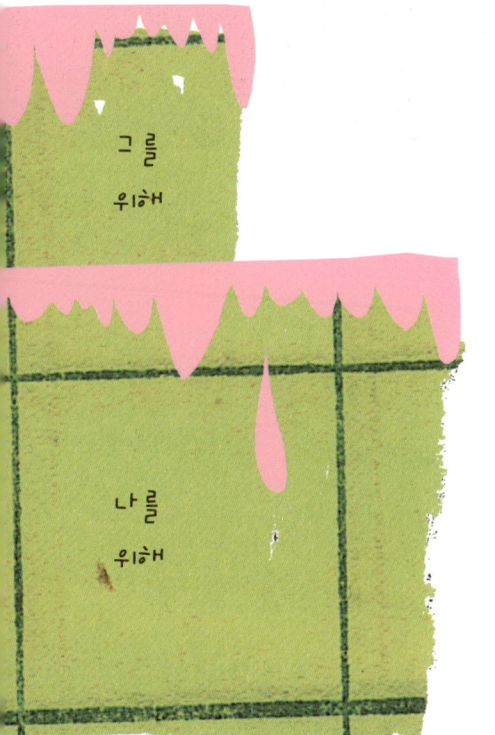

다른 친구들이 우리를
도와주면 우리는 도움을
받으면서도 그들과 동등하다고 생각할까요?

우리는 모두 같은 권리를 갖고 있답니다.

우리는 모두 똑같은 권리를 갖고 있으면서도 동등하지 않게 살게 되는 걸까요?

자신의 권리를 잘 알고 있는 사람들은 자신의 권리를 모르고 있는 사람들과 동등한 걸까요?

우리는 모두 의무도 똑같이 갖고 있는 걸까요?

## 생각정리하기

### 원칙적으로 사람들은 모두 동등해요

하지만 현실에서는 어떤 사람들은 다른 사람들보다 더 부자이거나
더 똑똑하거나 더 튼튼하거나 더 운이 좋답니다.
왜냐하면 우리는 모두 서로 다르거든요. 다른 사람들보다 뭔가 덜 갖고
있다고 해서 다른 사람들을 부러워해야만 하는 걸까요?
어쩌면 그들은 그렇게 되기 위해서 남보다 힘들게 공부를 하거나 일을 더 많이
했을 거예요. 그런데 우리가 그들보다 더 많이 가진 것들도 있지 않나요?
서로 나눠 갖거나 서로 도우면 불평등이 줄어들 수도 있겠지만,
불평등을 완전히 사라지게 할 수는 없답니다.
사람들이 평등하기를 바란다는 것은, 모두가 서로 비슷해지려고
애쓰는 것을 뜻하는 것은 아니랍니다.
모두가 똑같이 인간임을 인정하는 것일 뿐이지요.
그렇기 때문에 우리는 모두 같은 권리와 같은 의무들을 갖게 되는 것이랍니다.

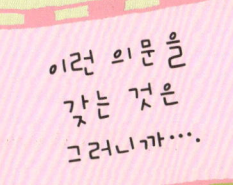
이런 의문을 갖는 것은 그러니까….

각자의 권리를 인정하고, 질투의 함정에
빠지지 않기 위해서랍니다.

받아들일 수 없는 부당한 일들을
구별해 내는 법을 배우고, 그것들에
맞서서 싸우기 위해서지요.

다른 사람들이 하는 일이나 갖고 있는 것들에
대해서 비판하지 않기 위해서랍니다.

우리가 이미 갖고 있는 것을
인정하고, 불가능한 것을
뒤쫓지 않기 위해서입니다.

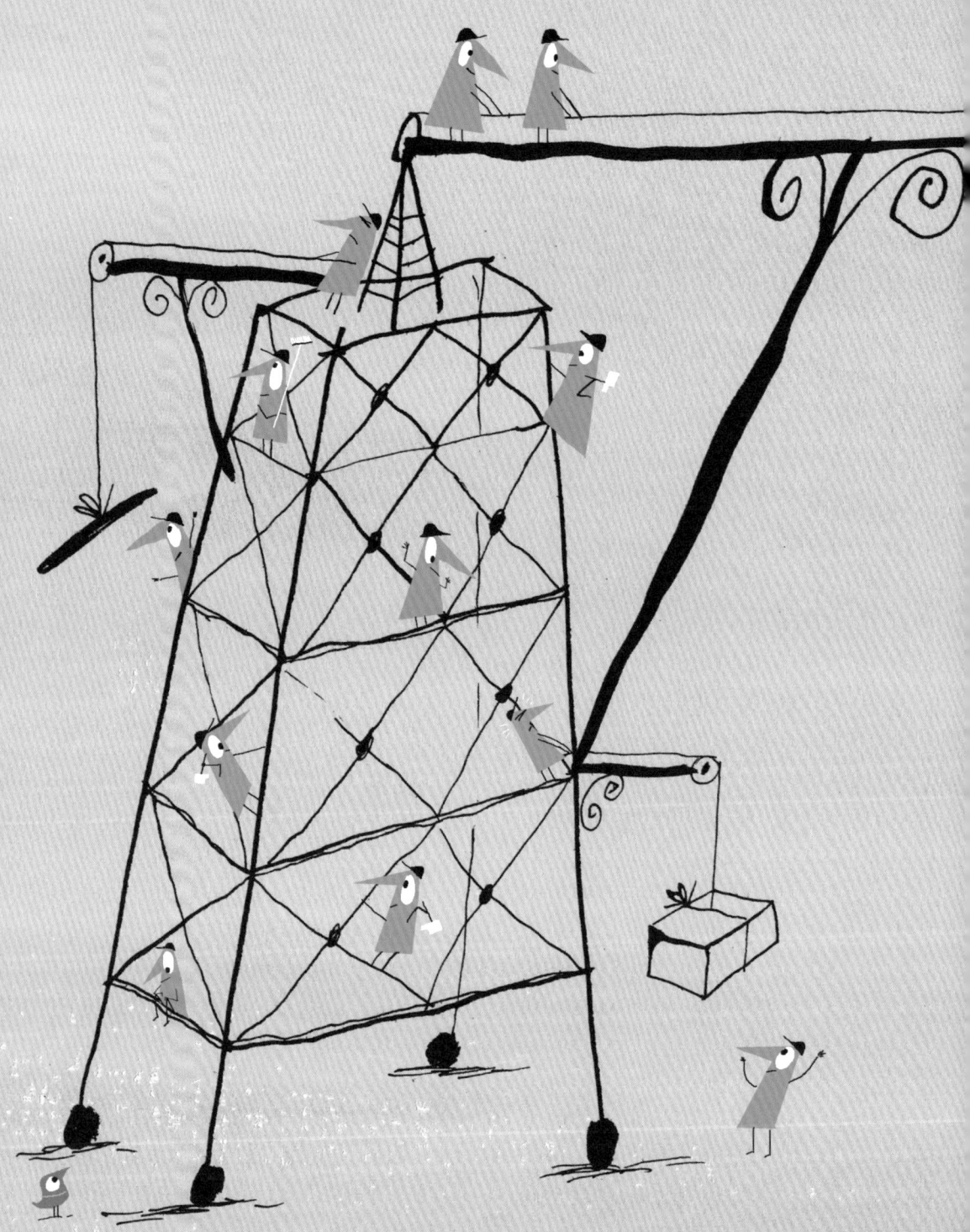

일 우리는 모두 일을 해야만 하나요?

자기가 좋아하는 일만
선택해서 할 수는 없겠죠?

하기 싫은 일을 할 때도 있겠죠?

아무 일도 하지 않는다면 성실하게 사는 게
아니기 때문에 일을 해야 합니다.
우리 학생들은 일 대신 공부를 해야겠지요.

쉬거나 몽상에 잠기는 것은
나쁜 걸까요?

살고 있다는 게 이미 뭔가를
하고 있는 것은 아닐까요?

어른이 되면 독립적으로 생활을 하기
위해서 꼭 일을 해야 합니다.

응, 그런데……

우리는 일을 하느라 인생을
다 허비하는 것은 아닐까요?

생활비를 번다는 게 그저 먹을 것을 사고, 집을
사기에 충분한 돈만 갖는 것을 의미하는 걸까요?

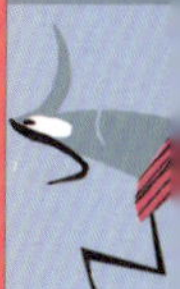

일 우리는 모두 일을 해야만 하나요?

일을 해야만 생활비를
벌 수 있는 걸까요?

돈 떨어져라!

다른 사람이 나 대신 일을
할 수는 없는 걸까요?

일을 하지 않으면 우리가 필요로 하는 것들을
가질 수 없기 때문에 꼭 일을 해야 합니다.

집, 차, 별장, 많은 돈 등이 우리에게 모두 다 필요한 걸까요?

우리는 지나치게 욕심을 내지 않는 법을 배워야 하지 않을까요?

사람들이 필요로 하는 것을 만들기 위해서 기계가 사람을 대신할 수도 있을까요?

우리가 하는 일이 우리를 늘 만족시킬 수 있나요?

우리는 일이 필요할 때나 일이 하고 싶을 때만
일을 할 수도 있습니다.

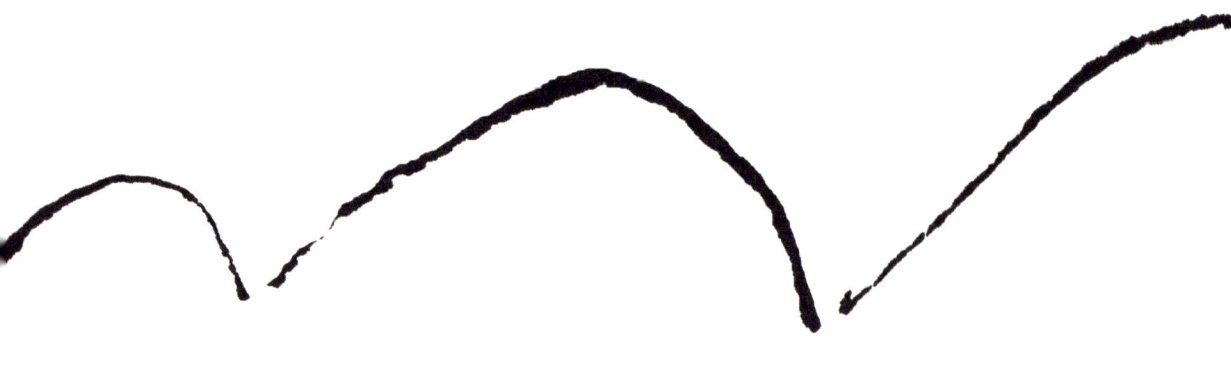

공부를 하지 않으면서도
공부를 잘할 수 있을까요?

자기가 매일 하는 일을 영원히
좋아할 수도 있는 걸까요?

우리는 모두 일을 해야만 하나요?

일을 하기 싫어 하는 사람이 일을 좋아하는 법을 배울 수 있을까요?

모든 사람들이 다 일할 수 있을 만큼 일자리가 많지
않기 때문에 모두 일을 할 수는 없습니다.

부모님은 우리에게 왜 일 대신 공부를 하라고 할까요?

어른들은 누가 일해야 하는지
어떻게 결정하지요?

우리들은 학생이어서
일 대신 공부를 하잖아요.
공부를 못하면 어른이 될 수 없나요?

## 생각정리하기

**어른은 일을 해야 하고, 학생은 공부를 해야 돼!**

어린이건 어른이건 끊임없이 이 말을 하지요. 게으름을 피우면 성실하지 않은 사람으로 보이니까요. 그리고 어른이 되면 일을 해야만 생활비를 벌어서 독립을 할 수가 있고, 사회가 필요로 하는 것들도 생산해 낼 수 있으니까요.
하지만 우리가 가진 능력과 일이 맞지 않는 경우가 있답니다.
우리는 하기 싫고 자신 없는 일은 할 수가 없겠지요?
그리고 일도 자신에게 맞으면 재미있고 흥미가 있다는 것을 알 필요가 있지요.
모든 사람들에게 일자리가 다 돌아가지 못하기 때문에 공부를 하면서 틈틈이 자신에게 맞는 일을 생각해야 어른이 되어서도 자기가 좋아하는 일을 할 수 있겠지요! 그런데 일이 그렇게 중요한가요? 일이 우리를 발전시키고 세상을 더 발전하게 할 가능성이 있다면 정말 중요하겠지요.

이런 의문을
갖는 것은
그러니까....

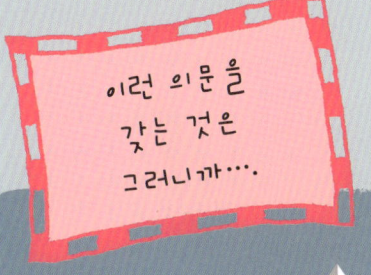

때로는 아주 힘든 노력이 큰 만족을 줄 수 있다는
것을 받아들이기 위해서랍니다.

일을 좋아하는 법을 배우고,
가장 잘 맞는 일을 찾기 위해서지요.

일이 우리가 살아가는 데 많은
문제들을 해결해 준다는 것을
이해하기 위해서랍니다.

| 권한 |
| --- |

# 함께 살기 위해서는 규칙이 필요할까요?

규칙들이 올바르다면
따라야 한답니다.

정의에 대한 생각은
어느 곳에서나 같을까요?

옳다는 것은, 각자에게 옳다고
인정해 주는 것일까요?

지도자는 사람들보다 더 높은 곳에
있어야만 할까요?

생각이 바른 시민들이 잘못된
규칙들을 선택할 수도 있을까요?

지켜야 할 규칙들이 없으면, 힘 있는 사람들이 힘 없는 사람들을 무조건 짓누르게 될 수도 있어요.

언제나 힘 있는 강자들이 지도자가 되는 걸까요?

사람들이 잘 조화를 이루고 살기 위해서는 규칙과 법 들이 있어야 합니다.

강자는 약자를
도우면서 살아야겠죠?

약자를 보호하면 약자를
더욱 약하게 만드는 것일까요?

규칙들이 꼭 있을 필요가 있을까요?
왜냐하면 규칙이나 지도자는 우리의 자유를 방해하기 때문입니다.

법은 우리의 자유를 보호하는 데 이용되고 있는 걸까요?

만약 사람들 각자가 하고 싶은 대로 행동한다면 우리가 함께 살 수 있을까요?

우리가 규칙과 지도자를 자유롭게 선택할 수 있다면 우리는 이미 자유로운 게 아닐까요?

지도자는 일반 사람들보다 더 자유로울까요?

규칙들이 꼭 필요하지는 않은 것 같아요.
왜냐하면 잘 알아서 하는 착한 사람도 많기 때문입니다.

사람들은 착하게 태어났다가 나중에
나쁜 사람이 될 수도 있는 걸까요?

권한 함께 살기 위해서는 규직이 필요할까요?

착한데도 못되게 행동을 할 수 있는 걸까요?

모든 인간들은 다 착할까요?

우리가 올바르게 행동하기 위해서 규칙과 법은 필요하답니다.

사람들은 자기가 해야 할 일을
스스로 알 수 있나요?

만약 규칙이나 법이 옳지
않고, 우리의 지도자가 착각을
한다면 어떻게 하죠?

오히려 사람들이 지도자에게
이끌어 갈 방법을 말해 주어야
하는 게 아닐까요?

사람들은 무조건 지도자를
따라야만 할까요?

많은 사람들에 의해서 지도자와 규칙들이 선택되었을 경우에는 규칙을 따를 필요가 있답니다.

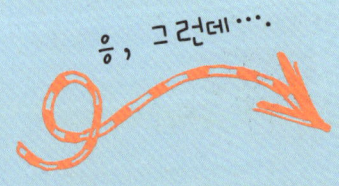

소수의 사람들이 다수 사람들보다 더 좋은 선택을 할 수도 있는 걸까요?

권한 함께 살기 위해서는 규칙이 필요할까요?

자기가 선택하지 않은 법과 윗사람을
꼭 존중해야만 하는 걸까요?

지도자는 자기를 뽑지 않은 사람들의
얘기도 들어야만 하나요?

## 생각 정리하기

**집이나 학교, 나라에는 존중해야 하는 규칙들이 있어요**
때때로 하고 싶은 것을 자유롭게 하기 위해서 규칙이나 법을 무시하고
싶어지기도 하지요. 보는 사람이 없어도 착하게 행동할 수 있다고 생각합니다.
그렇지만 규칙도 없고 지도자도 없는 세계는 가장 강한 자의 힘이
지배하는 정글과 비슷하게 될 위험이 있답니다. 그런데 지도자는 늘 옳은 것은
아니고, 약자들은 자신을 보호할 준비가 언제나 되어 있는 것도 아니랍니다.
그래서 우리는 지도자를 뽑는 행운이 주어지면 그들을 잘 뽑고 감시해야 한답니다.
많은 사람들이 착각할 수도 있다는 것을 늘 머릿속에 담아 두고 말입니다.
그리고 우리가 자유롭게 행동하고 우리 스스로와 다른 사람들에게도 책임감을
느끼면서 행동할 수 있게 하려고 지도자와 규칙 들이 있는 것이랍니다.

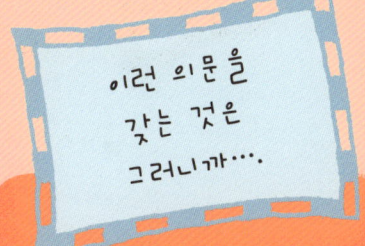

다른 사람들을 신뢰하는 법을 배우기 위해서랍니다.

모든 사람들의 안락함을 위해서 자유를 제한하는 것을
자연스럽게 받아들이기 위해서지요.

언제 복종할 것인지 언제 저항할
것인지를 알기 위해서랍니다.

책임감 있는 시민이 되기 위해서지요.

철학하는 어린이 시리즈 02
# 함께 사는 게 뭐예요?

글 | 오스카 브르니피에
그림 | 프레데릭 베나글리아
옮김 | 이효숙

재판 1쇄 발행 | 2012년 4월 20일
재판 11쇄 발행 | 2021년 11월 17일

펴낸이 | 신난향
편집위원 | 박영배
펴낸곳 | (주)맥스교육(상수리)
출판등록 | 2011년 8월 17일(제321-2011-000157호)
주소 | 서울특별시 서초구 마방로2길 9, 보광빌딩 5층
대표전화 | 02-589-5133
팩스 | 02-589-5088
홈페이지 | www.maxedu.co.kr  블로그 | blog.naver.com/sangsuri_i

기획·편집 | 이도환
디자인 | 이선주
영업·마케팅 | 백민열, 김소연
경영지원 | 장주열

ISBN 978-89-960299-7-7  64100

＊이 책의 내용을 일부 또는 전부를 재사용하려면 반드시 (주)맥스교육(상수리)의
  동의를 얻어야 합니다.
＊잘못된 책은 구입한 곳에서 바꾸어 드립니다.

> 상수리는 독자 여러분의 귀한 원고를 기다리고 있습니다.
> 투고 원고는 이메일 maxedu@maxedu.co.kr로 보내 주세요.

어린이제품안전특별법에 의한 제품 표시
**제조자명** (주)맥스교육(상수리) \ **제조국** 대한민국 \ **제조년월** 2021년 11월 \ **사용연령** 만 7세 이상 어린이 제품